W0109558

E. E. Cummings
LIKE A PERHAPS HAND
POEMS · GEDICHTE

# E. E. Cummings

# LIKE A PERHAPS HAND
# POEMS · GEDICHTE

*Übersetzung und Nachwort von Lars Vollert*

C.H.BECK textura

Die Reihe textura wurde vom Verlag Langewiesche-Brandt
(Ebenhausen bei München) begründet und wird seit dem
Jahr 2010 vom Verlag C.H.Beck fortgeführt.

Für die englischen Originalgedichte:
Copyright © 1994 by the Trustees for the E. E. Cummings Trust
Für die zweisprachige Ausgabe:
© Verlag C.H.Beck oHG, München 2013
Erstausgabe beim Verlag Langewiesche-Brandt, Ebenhausen 2000
Satz: Fotosatz Amann, Aichstetten
Druck und Bindung: Pustet, Regensburg
Umschlagentwurf: www.kunst-oder-reklame.de
Gedruckt auf säurefreiem, alterungsbeständigem Papier
(hergestellt aus chlorfrei gebleichtem Zellstoff)
Printed in Germany
ISBN 978 3 406 64896 0

*www.beck.de*

i have loved , let us see if that's all
ich habe geliebt , schauen wir ob das alles ist

1   What is thy mouth to me?
    A cup of sorrowful incense,
    A tree of keen leaves,
    An eager high ship,
    A quiver of superb arrows.

    What is thy breast to me?
    A flower of new prayer,
    A poem of firm light,
    A well of cool birds,
    A drawn bow trembling.

    What is thy body to me?
    A theatre of perfect silence,
    A chariot of red speed;
    And O, the dim feet
    Of white-maned desires!

Was ist dein mund für mich?
Ein kelch traurigen weihrauchs,
Ein baum eifriger blätter,
Ein strebsames stolzes schiff,
Ein köcher vorzüglicher pfeile.

Was ist deine brust für mich?
Eine blume neuen gebets,
Ein gedicht festen lichts,
Ein brunnen kühler vögel,
Ein gespannter bogen zitternd.

Was ist dein körper für mich?
Ein theater vollkommener stille,
Ein streitwagen roter schnelle;
Und O, die undeutlichen füße
Weißmähniger begierden!

2  I love you
   For your little, startled, thoughtless ways,
   For your ponderings, like soft dark birds,
   And when you speak 'tis a sudden sunlight.

   I love you
   For your wide child eyes, and fluttering hands,
   For the little divinities your wrists,
   And the beautiful mysteries your fingers.

   I love you.
   Does the blossom study her day of life?
   Is the butterfly vexed with an hour of soul?
   I had rather a rose than live forever.

Ich liebe dich
Für deine kleine, verschreckte, gedankenlose art,
Für deine grübeleien, wie weiche dunkle vögel,
Und wenn du sprichst ists ein plötzliches sonnenlicht.

Ich liebe dich
Für deine großen kinderaugen, und tänzelnden hände,
Für die kleinen gottheiten deine handgelenke,
Und die wunderschönen mysterien deine finger.

Ich liebe dich.
Studiert die blüte ihren lebenstag?
Ist der schmetterling böse auf eine stunde seele?
Ich hätte lieber eine rose als das ewige leben.

3    You are tired,
      (I think)
      Of the always puzzle of living and doing;
      And so am I.

      Come with me, then,
      And we'll leave it far and far away –
      (Only you and I, understand!)

      You have played,
      (I think)
      And broke the toys you were fondest of,
      And are a little tired now;
      Tired of things that break, and –
      Just tired.
      So am I.

      But I come with a dream in my eyes tonight,
      And I knock with a rose at the hopeless gate of your heart –
      Open to me!
      For I will show you the places Nobody knows,
      And, if you like,
      The perfect places of Sleep.

      Ah, come with me!
      I'll blow you that wonderful bubble, the moon,
      That floats forever and a day;
      I'll sing you the jacinth song
      Of the probable stars;
      I will attempt the unstartled steppes of dream,
      Until I find the Only Flower,
      Which shall keep (I think) your little heart
      While the moon comes out of the sea.

Du bist müde,
(Glaub ich)
Des immerrätsels des lebens und tuns;
Und ich bins auch.

Komm also mit mir,
Und wir lassen es weit weit hinter uns –
(Nur du und ich, versteh!)

Du hast gespielt,
(Glaub ich)
Und dein liebstes spielzeug zerbrochen,
Und bist etwas müde jetzt;
Müde der zerbrechlichen dinge, und –
Einfach müde.
Ich auch.

Doch ich komm heut nacht mit einem traum in den augen,
Und klopfe mit einer rose ans hoffnungslose tor deines herzens –
Öffne dich mir!
Denn ich zeig dir die orte, die Niemand kennt,
Und, falls du magst,
Die vollkommenen stätten des Schlafs.

Ah, komm mit mir!
Ich mach dir diese wunderbare blase, den mond,
Die schwebt für immer und einen tag;
Ich sing dir das lied der hyazinthe
Von den möglichen sternen;
Ich wage mich an die unerschrockenen steppen des traums,
Bis ich die Einzige Blume finde,
Die bewahren soll (glaub ich) dein kleines herz
Während der mond steigt aus der see.

4　　They have hung the sky with arrows,
　　　Targes of jubilant flame, and helms of splendor,
　　　Knives and daggers of hissing light, and furious swords.

　　　They have hung the lake with moth-wings,
　　　Blurs of purple, and shaggy warmths of gold,
　　　Lazy curious wines, and curving curds of silver.

　　　They have hung my heart with a sunset,
　　　Lilting flowers, and feathered cageless flames,
　　　Death and love: ashes of roses, ashes of angels.

Sie verhängten den himmel mit pfeilen,
Schilden jubelnder flamme und helmen der pracht,
Messern und dolchen zischenden lichts und schwertern wild.

Sie verhängten den see mit mottenflügeln,
Flecken von purpur und krausen wärmen aus gold,
Trägem neugierigen wein und gebognem gerinnsel aus silber.

Sie verhängten mein herz mit sonnenuntergang,
Trällernden blumen und gefiederten käfiglosen flammen,
Tod und liebe: asche von rosen, asche von engeln.

5      let us suspect, chérie, this not very big
       box completely mysterious, on whose shut
       lid in large letters but neatly is
       inscribed " Immortality ".   And not
       go too near it, however people brag
       of the wonderful things inside
       which are altogether too good to miss—
       but we'll go by, together, giving it a wide
       berth.   Silently.   Making our feet
       think.   Holding our breath—
       if we look at it we will want to touch it.
       And we mustn't because (something tells me)
       ever so very carefully if we
       begin to handle it
                          out jumps Jack Death

beargwöhnen wir, chérie, diese nicht sehr große
schachtel ganz mysteriöse, auf deren verschlossenem
deckel in hohen lettern doch gelungen steht
geschrieben «Unsterblichkeit ».   Und hin
zu nah geh nicht, wenn leute noch so prahlen
mit den wunderbaren dingen drin
die allesamt zu gut sind zum verpassen—
wir aber gehn vorbei, gemeinsam, in weitem
bogen.   Still.   Lassen unsere füße
denken.   Halten unsern atem an—
denn blicken wir auf sie, wollen wir sie fassen.
Und wir dürfen nicht denn (sagt mir etwas)
egal wie vorsichtig auch immer falls wir
zur hand sie nehmen
                raus springt Hein Tod

6    the spring has been exquisite and the
summer may be beautiful.   But,
tell me with eyes quiteshut
did you love me,will you love me

and perfectly so forth;i see,
kissing you–only kissing
you(it is still spring
and summer may be beautiful)shall we

say years?   O let us say it,girl
to boy smiling while the moments kill
us gently and infinitely.

And believe(do not believe)there'll
be a time when even these leaves will

crawl expensively away.   My lady.

der frühling war vorzüglich und der
sommer mag schön sein.   Aber,
sag mir mit augen ganzgeschlossen
hast du mich geliebt,wirst du mich lieben

und vollkommen so weiter;ich verstehe,
dich küssend–nur küssend
dich(es ist noch frühling
und sommer mag schön sein) sollen wir

jahre sagen?   O lass es uns sagen,mädchen
zum jungen lächelnd während die augenblicke töten
uns sanft und unendlich.

Und glaube(glaube nicht)es wird
geben eine zeit in der auch diese blätter

kriechen teuer fort.   Meine teure.

7    as
     we lie side by side
     my little breasts become two sharp delightful strutting
                                    towers and
     i shove hotly the lovingness of my belly against you

     your arms are
     young;
     your arms will convince me, in the complete silence speaking
     upon my body
     their ultimate slender language.

     do not laugh at my thighs.

     there is between my big legs a crisp city.
     when you touch me
     it is Spring in the city; the streets beautifully writhe,
     it is for you; do not frighten them,
     all the houses terribly tighten
     upon your coming:
     and they are glad
     as you fill the streets of my city with children.

     my love you are a bright mountain which feels.
     you are a keen mountain and an eager island whose
     lively slopes are based always in the me which is shrugging,
                                    which is
     under you and around you and forever: i am the hugging sea.
     O mountain you cannot escape me
     your roots are anchored in my silence; therefore O mountain
     skilfully murder my breasts, still and always

     i will hug you solemnly into me.

wenn
wir seite an seite liegen
werden meine kleinen brüste zwei scharfe entzückende
                              stolzierende türme und
ich schiebe hitzig die liebendheit meines bauches an dich

deine arme sind
jung;
deine arme werden mich uberzeugen, in völliger stille sprechend
auf meinem körper
ihre höchste ranke sprache.

lach nicht über meine schenkel.

es liegt zwischen meinen großen beinen eine feste stadt.
wenn du mich berührst
ist Frühling in der stadt; die straßen winden sich schön,
es ist für dich; ängstige sie nicht,
all die häuser straffen schrecklich sich
bei deinem kommen:
und sie sind froh
wenn du die straßen meiner stadt mit kindern füllst.

mein lieber du bist ein heller berg der fühlt.
du bist ein bestrebter berg und eine emsige insel deren
lebhafte hänge stets fußen im ich das zuckt, das
unter dir ist und um dich und für immer: ich bin die
                              umarmende see.
O berg du kannst mir nicht entkommen
deine wurzeln ankern in meinem schweigen; darum O berg
morde geschickt meine brüste, noch und immer

werde ich dich feierlich in mich umarmen.

8                         dawn
and now.begins
f e e l i n g
roofs
a cool-
ness-Before-light,(hush
)it's the indescribable minute

(noises
happen
Bigly!    a milk-wagon
totters(by,its sleepy horses step-
ping like clockwork,a driver scarcely alive.)bAnGiNgLy
along which The little a street absurdly new
        :Houses
are,with firm
light     wonderful,but and

suddenly)

hear?do you birds begin which all to talk,loudly
in the disappearing air

                    dämmerung
und nun.beginnt
f ü h l e n
dächer
eine kühl-
heit-Vor-licht,(psst
)es ist die unbeschreibliche minute

(geräusche
geschehen
Groß!  ein milchwagen
schwankt(vorüber,seine schläfrigen pferde schrei-
ten wie uhrwerk,ein kutscher kaum lebendig.)kRaChEnD
entlang der Die kleinen eine straße unsinnig neue
        :Häuser
sind,mit festem
licht    wunderbar,aber und

plötzlich)

hörst?du vögel beginnen die alle zu sprechen,laut
in der verschwindenden luft

9    sometimes i am alive because with
     me her alert treelike body sleeps
     which i will feel slowly sharpening
     becoming distinct with love slowly,
     who in my shoulder sinks sweetly teeth
     until we shall attain the Springsmelling
     intense large togethercoloured instant

     the moment pleasantly frightful

     when, her mouth suddenly rising, wholly
     begins with mine fiercely to fool
     (and from my thighs which shrug and pant
     a murdering rain leapingly reaches the
     upward singular deepest flower which she
     carries in a gesture of her hips)

manchmal bin ich lebendig weil bei
mir ihr wachsamer baumgleicher körper schläft
den ich sich langsam schärfend spüre
langsam deutlich werdend durch liebe
die in meine schulter süß zähne senkt
bis wir das Frühlingriechen erreichen
heftig groß zusammenfarbig sofort

der augenblick angenehm furchtbar

wenn, ihr mund plötzlich steigend, völlig
beginnt mit meinem grimmig zu albern
(und aus meinen schenkeln die zucken und keuchen
erreicht ein mörderischer regen im sprung die
aufwärts einzige tiefste blume die sie
in einer geste ihrer hüften trägt)

10    you said Is
      there anything which
      is dead or alive more beautiful
      than my body, to have in your fingers
      (trembling ever so little)?
                            Looking into
      your eyes Nothing, i said, except the
      air of spring smelling of never and forever.


      .... and through the lattice which moved as
      if a hand is touched by a
      hand(which
      moved as though
      fingers touch a girl's
      breast,
      lightly)
              Do you believe in always, the wind
      said to the rain
      I am too busy with
      my flowers to believe, the rain answered

du sagtest Ist
da etwas das
ist tot oder lebendig schöner
als mein körper, in deinen fingern zu haben
(zitternd ungemein wenig)?
                              Blickend in
deine augen Nichts, sagte ich, außer der
luft des frühlings die riecht nach nimmer und für immer.


.... und durch das gitter das sich bewegte als
würde eine hand berührt von einer
hand (die
sich bewegte als ob
finger berühren eines mädchens
brust,
leicht)
          Glaubst du an immer, sagte der wind
zum regen
Ich bin zu beschäftigt mit
meinen blumen um zu glauben, erwiderte der regen

11   is
     it

because there struts a distinct silver lady

(we being passionate O yes)upon
the carpet of evening which thrills
with the minuteness of her
walking,for she walks

upon the evening
               shy and luxurious   .and because

we
being

passionate perceive o Yes where(immensely
near)
simply,

but with a colour like the ending of the world
rises

    slow
        ly

balloonlike

     the huge foetus of The Moon   ?
–with our gestures we pry
and our mouths battle into distinctness.   It
is this kiss which builds in us ever so softly

the coarse and terrible structure of the night.

ist
es

weil eine deutliche silberne dame dort stolziert

(wir ganz leidenschaftlich O ja) auf
dem teppich des abends der erschauert
vor der winzigkeit ihres
laufens, denn sie läuft

auf dem abend
                   schüchtern und vornehm    . und weil

wir
ganz

leidenschaftlich wahrnehmen o Ja wo (ungeheuer
nah)
einfach,
aber mit einer farbe wie das ende der welt
steigt auf

              lang
                    sam

ballongleich

              der riesige fötus Mond    ?

−mit unseren gesten spähen wir
und unsere münder kämpfen in die deutlichkeit.    Es
ist dieser kuss der in uns baut immer so sanft

das rauhe und schreckliche gefüge der nacht.

12    as one who(having written
late)sees his light
silenced.

> and going to his window
> a little while he
> watches
> the inevitable city's

reborn enormous whisperless

> Body
> (and

sees
over&between the roofs

> the lifted streets
> un-

> speak.
> -ing

> and he does not

speak.)But perhaps
inhaling a possible.cigarette
he is sorry and
pitiful. and he quietly repeats to
himself
something peculiar and small and dead

→

wie einer der(geschrieben
spät)sein licht sieht
verstummt.

      und an sein fenster gehend
      ein weilchen er
            beschaut
      der unvermeidlichen stadt

wiedergeborenen riesigen flüsterlosen

               Körper
               (und

sieht
    über&zwischen den dächern

            die erhobenen straßen
            un-

            sprechen.
            -d

            und er spricht
nicht.)Aber vielleicht
einatmend eine mögliche.zigarette
tut es ihm leid
voller kummer.und er wiederholt still für
sich selber
      etwas seltsames und kleines und totes

                      →

And goes to sleep miserable&tall.

                              −so,my
                              lady is
                                   your lover

when he a little closes his eyes
thinking"tonight i did not lie in her bed." and the Light

The
tall
extraordinary   Light   ,It

goes rapidly over the perhaps world(over
the possible Now&the lilies.over

Whoever&me?)

nouns and
          violets   !
                    ships,   &   countries

Und geht schlafen elend & groß.

                             −so,meine

                             teure ist

                                     euer geliebter

wenn er ein wenig schließt seine augen
und denkt«heut nacht lag ich nicht in ihrem bett.»und das Licht
Das
große
außergewöhnliche   Licht   ,Es

zieht geschwind über die vielleicht welt(über
das mögliche Nun&die lilien.über

Wenauchimmer&mich?)

begriffe und
             veilchen   !
                     schiffe,   &     länder

13    in front of your house i

stopped for a second in the
rain, in the Spring.
At the window
            only your hands

            beautifully,
            were

(and the green bird perched carefully upon

                        a gesture
knew me.)

vor deinem haus hielt ich

inne für eine sekunde im
regen, im Frühling.
Am fenster
        waren

        schön,
        deine hände nur

(und der grüne vogel vorsichtig sitzend auf
                           einer geste
kannte mich.)

14    Lady,i will touch you with my mind.
      Touch you and touch and touch
      until you give
      me suddenly a smile,shyly obscene

      (lady i will
      touch you with my mind.)Touch
      you,that is all,

      lightly and you utterly will become
      with infinite ease

      the poem which i do not write.

Teure, ich werde dich mit meinem geist berühren.
Dich berühren und berühren und berühren
bis du gewährst
mir plötzlich ein lächeln, schüchtern obszön

(teure ich werde
dich berühren mit meinem geist.) Dich
berühren, das ist alles,

sanft und du wirst völlig werden
mit endloser leichtigkeit

das gedicht das ich nicht schreibe.

15    Lady, since your footstep
      is more frail than everything
      which lives, than everything which breathes
      in the earth and in the sea
      because your body is more new,

      a dream (skilfully who mimics, entirely who pictures
      yourself a skilfully and entirely moving dream
      with fingers, a dream with lifted little breasts
      and with feet) touches

      me through the day scarcely, timidly;

      whereas, beside me through the long night and upon
      me, always i feel the crisply and deeply moving
      you which is so glad to be alive –

      the you with hot big inward stealing
      thighs, perfectly who steal me; or as the wise

      sea steals entirely and skilfully the ignorant earth.

Teure, da deine schritte
mehr zart sind als alles
was lebt, als alles was atmet
in der erde und in der see
weil dein körper mehr neu ist,

ein traum (der nachahmt geschickt, der ausmalt völlig
dir selber einen geschickt und völlig sich bewegenden traum
mit fingern, einen traum mit erhobenen kleinen brüsten
und mit füßen) berührt

mich durch den tag kaum, furchtsam;

hingegen, neben mir durch die lange nacht und auf
mir, stets fühle ich das fest und tief sich bewegende
du das so froh ist zu leben –

das du mit heißen großen einwärts stehlenden
schenkeln, die vollendet mich stehlen; oder wie die weise

see stiehlt völlig und geschickt die unwissende erde.

16    being(just a little)
      too tired from kissing
      for thinking or anything
      except dreaming,
      let us suppose

      O my lady:at dusk
      between the earth and the sea

      ourselves,you and i together mysteriously and always
                                              floating,

      moving;absorbing mysteriously(or as desire absorbs
      a dream)and(as if we were dream or dreams)mysteriously
      engulfed by fatal immensities of twilight –O imagine
                                              (softly as
      we,our minds,mysteriously together moving float always

      between the ocean and the world)that,smiling,i remark to
      you:of these five waves the wave

      which waits is most great;

      (of these nine roses,you
      reply seriously,she who chiefly hides
      herself is deepest)

noch(nur ein wenig)
zu müde vom küssen
zum denken oder irgendwas
außer träumen,
lass uns annehmen

O meine teure:in der dämmerung
zwischen der erde und der see

uns selbst,du und ich zusammen rätselhaft und immer
                                        treibend,

bewegend;aufsaugend rätselhaft(oder wie verlangen aufsaugt
einen traum)und(als wären wir traum oder träume)rätselhaft
verschlungen von tödlichen weiten des zwielichts−O stell dir vor
                                        (weich wie
wir,unsere geister,rätselhaft zusammen bewegend treiben immer

zwischen dem ozean und der welt)dass,lächelnd,ich sage zu
dir:von diesen fünf wellen ist die welle

die wartet am meisten groß;

(von diesen neun rosen,erwiderst
du ernsthaft,sie die sich zumeist verbirgt
ist am tiefsten)

Lady

    i pray to what is unimaginable,
    to your smile
    which will not even allow even my pencil
    nearer than a thousand miles.

    i pray to your eyes
    whose niceness decides my pen
    it is a thick fool.

    my brushes go big and stupid
    and their colour(s)turns to paint before
    your laughter,to which i kneel.

    i worship at your tears
    i approach your tears with my best chisels
    (but in your least tear there is nothing
    conceivable)
                my chisels stutter and wobble.

    But chiefly i entreat your timidity
    (i mean that aspect of you which so easily can
    explore completely and enjoy the occult textures,
    consult wholly and continually the invisible edges,of that
                               and this:
    distinguish swiftly and exquisitely

    in all things what entirely is alive.)

## Teure

ich bete zu etwas unvorstellbarem,
zu deinem lächeln
das nicht mal meinen bleistift nicht mal dulden wird
näher als tausend meilen.

ich bete zu deinen augen
deren nettigkeit beschließt mein stift
er ist ein blöder narr.

meine pinsel werden groß und dumm
und ihre farbe(n)wird zu farbe vor
deinem lachen,vor dem ich knie.

ich bete vor deinen tränen
ich nähere mich deinen tränen mit meinen besten meißeln
(aber in deiner geringsten träne ist nichts
denkbares)
            meine meißel stottern und wackeln.

Aber vor allem flehe ich dein zagen an
(ich meine die seite an dir die so leicht kann
völlig erkunden und genießen die dunklen gewebe,
befragen ganz und stetig die unsichtbaren ränder,davon und
                                    hiervon:
unterscheiden flink und vorzüglich

in allem was gänzlich lebendig ist.)

18    look
      my fingers,which
      touched you
      and your warmth and crisp
      littleness
      −see?do not resemble my
      fingers.   My wrists hands
      which held carefully the soft silence
      of you(and your body
      smile eyes feet hands)
      are different
      from what they were.   My arms
      in which all of you lay folded
      quietly,like a
      leaf or some flower
      newly made by Spring
      Herself,are not my
      arms.   I do not recognise
      as myself this which i find before
      me in a mirror.   i do
      not believe
      i have ever been these things;
      someone whom you love
      and who is slenderer
      taller than
      myself has entered and become such
      lips as i use to talk with,
      a new person is alive and
      gestures with my
      or it is perhaps you who
      with my voice
      are
      playing.

schau
meine finger, die
dich berührten
und deine wärme und feste
kleinheit
–siehst du?ähneln nicht meinen
fingern.   Meine handgelenke hände
die vorsichtig hielten deine weiche stille
(und deinen körper
lächeln augen füße hände)
sind anders
als sie waren.   Meine arme
in denen alles von dir gefaltet lag
ruhig, wie ein
blatt oder eine blume
neu gemacht vom Frühling
Selbst, sind nicht meine
arme.   Ich erkenne nicht
als mich dies was ich finde vor
mir in einem spiegel.   ich glaube
nicht
dies alles je gewesen zu sein;
jemand den du liebst
und der ranker ist
größer als
ich ist eingetreten und geworden zu
lippen wie ich sie zum sprechen gebrauche,
eine neue person ist lebendig und
gestikuliert mit meiner
oder vielleicht bist es du die
mit meiner
stimme
spielt.

19     when of your eyes one smile entirely brings down
the night in rain over the shy town of my mind
when upon my heart lives the loud alive darkness
and in my blood beating and beating with love
the chuckling big night puzzles asquirm with sound
when all my reaching towers and roofs are drenched
                                        with love
my streets whispering bulge my trembling houses yearn
my walls throb and writhe my spires curl with darkness

then in me hands light lamps against this darkness
                                      (hands here
and there hands go thither and hither in my town)

carefully close windows shut doors

wenn aus deinen augen ein lächeln ganz holt herab
die nacht als regen auf die scheue stadt meines geistes
wenn auf meinem herzen lebt das laute lebendige dunkel
und in meinem blut pochend und pochend vor liebe
die kichernde große nacht verwirrt gewunden von klang
wenn all meine tastenden türme und dächer durchnässt sind
                                                    von liebe
meine straßen flüsternd schwellen, die bebenden häuser sehnen
meine mauern klopfen und krümmen die zinnen kräuseln vom dunkel

dann entzünden in mir hände lampen gegen dies dunkel
                                              (hände hier
und da hände gehn her und hin in meiner stadt)

schließen sachte fenster schließen türen

20     i spoke to thee
with a smile and thou didst not
answer
thy mouth is as
a chord of crimson music
                        Come hither
O thou, is life not a smile?

i spoke to thee with
a song and thou
didst not listen
thine eyes are as a vase
of divine silence
                 Come hither
O thou, is life not a song?

i spoke
to thee with a soul and
thou didst not wonder
thy face is as a dream locked
in white fragrance
                 Come hither
O thou, is life not love?

i speak to
thee with a sword
and thou art silent
thy breast is as a tomb
softer than flowers
                 Come hither
O thou, is love not death?

ich sprach zu dir
mit einem lächeln und du gabst keine
antwort
dein mund ist wie
ein akkord blutroter musik
                    Komm hierher
O du, ist leben nicht ein lächeln?


ich sprach zu dir mit
einem lied und du
hörtest nicht zu
deine augen sind wie ein kelch
göttlicher stille
                Komm hierher
O du, ist leben nicht ein lied?


ich sprach
zu dir mit einer seele und
du stauntest nicht
dein gesicht ist wie ein traum verschlossen
in weißem duft
                Komm hierher
O du, ist leben nicht liebe?


ich spreche zu
dir mit einem schwert
und du bist still
deine brust ist wie ein grab
weicher als blumen
                Komm hierher
O du, ist liebe nicht tod?

21 lean candles hunger in
  the silence a
  brown god
  smiles between greentwittering

  smokes  from broken eyes
  a sound
  of strangling breasts and bestial
  grovelling

  hands rasps the purple
  dark -
  ness
  a

  worshipper
  prostrate within twitching shadow
  lolls


  sobbing


  with lust

magere kerzen hungern in
der stille ein
brauner gott
lächelt zwischen grünzwitschernden

dämpfen     aus zerbrochenen augen
ein geräusch
erstickter brust und tierischer
kriechender

hände raspelt die purpurne
dunkel -
heit
ein

anbeter
niedergeworfen in zuckendem schatten
räkelt sich


schluchzend


vor lust

22   i walked the boulevard

i saw a dirty child
skating on noisy wheels of joy

pathetic dress fluttering


behind her a mothermonster
with red grumbling face

cluttered in pursuit

pleasantly elephantine


while nearby the father

a thick cheerful man

with majestic bulbous lips
and forlorn piggish hands


joked to a girlish whore

with busy rhythmic mouth
and silly purple eyelids

of how she was with child

ich ging auf dem boulevard

ich sah ein schmutziges kind
gleitend auf lauten rädern der freude

erbärmliches kleid flatternd


hinter ihr ein muttermonster
mit rot grollendem gesicht

durcheinander in verfolgung

angenehm elefantös


während nahebei der vater

ein dicker fröhlicher mann

mit majestätischen knolligen lippen
und einsamen schweinehänden


witzelte mit einer mädchenhaften hure

mit geschäftigem rhythmischem mund
und albernen purpuraugenlidern

wie sie wohl wäre mit kind

23    suppose
Life is an old man carrying flowers on his head.

young death sits in a café
smiling, a piece of money held between
his thumb and first finger

(i say "will he buy flowers" to you
and "Death is young
life wears velour trousers
life totters, life has a beard" i

say to you who are silent. – "Do you see
Life? he is there and here,
or that, or this
or nothing or an old man 3 thirds
asleep, on his head
flowers, always crying
to nobody something about les
roses les bluets
               yes,
                 will He buy?
Les belles bottes – oh hear
, pas chères")

and my love slowly answered I think so.    But
I think I see someone else

there is a lady, whose name is Afterwards
she is sitting beside young death, is slender;
likes flowers.

angenommen
Leben ist ein alter mann der blumen auf dem kopf trägt.

der junge tod sitzt in einem café
lächelnd, ein geldstück zwischen
daumen und zeigefinger

(ich sage « wird er blumen kaufen » zu dir
und « Tod ist jung
leben trägt velourshosen
leben tattert, leben hat einen bart » sage

ich zu dir die du schweigst. –« Siehst du
Leben? er ist dort und hier,
oder jenes, oder dies
oder nichts oder ein alter mann 3 drittel
eingeschlafen, auf seinem kopf
blumen, immer schreiend
für niemanden etwas von les
roses les bluets
                ja,
                    wird Er kaufen?
Les belles bottes – hör nur
, pas chères »)

und meine liebe antwortete langsam Ich glaube schon.    Aber
Ich glaube Ich sehe noch jemanden

dort ist eine dame, deren name ist Danach
sie sitzt beim jungen tod, ist schlank;
mag blumen.

24    Spring is like a perhaps hand
      (which comes carefully
      out of Nowhere)arranging
      a window,into which people look(while
      people stare
      arranging and changing placing
      carefully there a strange
      thing and a known thing here)and

      changing everything carefully

      spring is like a perhaps
      Hand in a window
      (carefully to
      and fro moving New and
      Old things,while
      people stare carefully
      moving a perhaps
      fraction of flower here placing
      an inch of air there)and

      without breaking anything.

Frühling ist wie eine vielleicht hand
(die vorsichtig kommt
aus dem Nirgends)die richtet
ein fenster her,in das leute schauen(während
leute starren
richtet her und ändert stellt
vorsichtig dorthin was fremdes
und was bekanntes hierher)und

ändert alles vorsichtig

frühling ist wie eine vielleicht
Hand in einem fenster
(die vorsichtig hin
und her bewegt Neues und
Altes,während
leute starren vorsichtig
bewegt einen vielleicht
bruchteil blume hierher stellt
einen fingerbreit luft dorthin)und

ohne etwas zu zerbrechen.

25      in spite of everything
        which breathes and moves, since Doom
        (with white longest hands
        neatening each crease)
        will smooth entirely our minds

        –before leaving my room
        i turn, and (stooping
        through the morning) kiss
        this pillow, dear
        where our heads lived and were.

trotz allem
was atmet und sich rührt, weil Verhängnis
(mit weißen längsten händen
glättend jede falte)
wird ebnen gänzlich unsern geist

–vor dem verlassen meines zimmers
kehr ich um, und (mich bückend
durch den morgen) küsse
dieses kissen, liebste
wo unsre köpfe lebten und waren.

26    since feeling is first
who pays any attention
to the syntax of things
will never wholly kiss you;

wholly to be a fool
while Spring is in the world

my blood approves,
and kisses are a better fate
than wisdom
lady i swear by all flowers.   Don't cry
–the best gesture of my brain is less than
your eyelids' flutter which says

we are for each other:then
laugh,leaning back in my arms
for life's not a paragraph

And death i think is no parenthesis

da gefühl zuerst kommt
wer schert sich um
die syntax der dinge
wird nie ganz dich küssen;

gänzlich ein narr zu sein
wenn Frühling ist in der welt

billigt mein blut,
und küsse sind ein schicksal besser
als weisheit
teure ich schwöre bei allen blumen.   Weine nicht
–meines hirns beste gebärde ist geringer als
deiner lider flattern das sagt

wir sind für einander:dann
lache,gelehnt in meine arme
denn leben ist kein absatz

Und tod ist glaub ich keine klammer

27    in a middle of a room
       stands a suicide
       sniffing a Paper rose
       smiling to a self

       "somewhere it is Spring and sometimes
       people are in real:imagine
       somewhere real flowers,but
       I can't imagine real flowers for if I

       could,they would somehow
       not Be real"
       (so he smiles
       smiling)"but I will not

       everywhere be real to
       you in a moment"
       The is blond
       with small hands

       "&everything is easier
       than I had guessed everything would
       be;even remembering the way who
       looked at whom first,anyhow dancing"

       (a moon swims out of a cloud
       a clock strikes midnight
       a finger pulls a trigger
       a bird flies into a mirror)

in einer mitte eines zimmers
steht ein selbstmord
an einer Papierrose riechend
einem selbst zulächelnd

«irgendwo ist es Frühling und manchmal
sind leute wirklich:stell dir vor
irgendwo wirkliche blumen,aber
Ich kann mir wirkliche blumen nicht vorstellen denn

könnte Ich es,sie würden irgendwie
nicht wirklich Sein»
(so lächelt er
lächelnd)«aber Ich werde nicht

überall wirklich sein für
dich in einem augenblick»
Das ist blond
mit kleinen händen

«&alles ist einfacher
als Ich vermutet hatte dass alles sein
würde;sogar zu erinnern die art wie wer
wen zuerst ansah,irgendwie tanzend»

(ein mond schwimmt aus einer wolke
eine uhr schlägt mitternacht
ein finger zieht einen abzug
ein vogel fliegt in einen spiegel)

28    if there are any heavens my mother will(all by herself)have
one.   It will not be a pansy heaven nor
a fragile heaven of lilies-of-the-valley but
it will be a heaven of blackred roses

my father will be(deep like a rose
tall like a rose)

standing near my

swaying over her
(silent)
with eyes which are really petals and see

nothing with the face of a poet really which
is a flower and not a face with
hands
which whisper
This is my beloved my

                  (suddenly in sunlight
he will bow,

&the whole garden will bow)

falls es himmel gibt wird meine mutter(ganz für sich)einen
haben.   Es wird kein stiefmütterchenhimmel sein noch
ein zerbrechlicher himmel von maiglöckchen sondern
es wird ein himmel schwarzroter rosen sein

mein vater wird(tief wie eine rose
groß wie eine rose)

stehen neben meiner

sich wiegen über ihr
(still)
mit augen die eigentlich blütenblätter sind und sehn

nichts mit dem gesicht eines dichters eigentlich das
eine blume ist und nicht ein gesicht mit
händen
die flüstern
Dies ist meine liebste meine

(plötzlich im sonnenlicht
wird er sich verneigen,

& der ganze garten wird sich verneigen)

29    be unto love as rain is unto colour;create
me gradually(or as these emerging now
hills invent the air)
                         breathe simply my each how
my trembling where my still unvisible when.   Wait

if i am not heart,because at least i beat
–always think i am gone like a sun which must go
sometimes,to make an earth gladly seem firm for you:
remember(as those pearls more than surround this throat)

i wear your dearest fears beyond their ceaselessness

(nor has a syllable of the heart's eager dim
enormous language loss or gain from blame or praise)
but many a thought shall die which was not born of dream
while wings welcome the year and trees dance(and i guess

though wish and world go down,one poem yet shall swim

sei zur liebe wie regen zur farbe ist;erschaff
mich allmählich(oder wie diese wachsenden jetzt
hügel erfinden die luft)
                              atme einfach mein jedes wie
mein zitterndes wo mein noch verborgenes wann.   Warte

falls ich herz nicht bin,denn zumindest schlage ich
–denk stets ich bin fort wie eine sonne die manchmal gehn
muss,zu lassen eine erde fröhlich scheinen fest für dich:
gedenke(wie diese perlen mehr als umgeben diesen hals)

ich trage deine liebsten ängste hinter ihre unaufhörlichkeit

(auch hat keine silbe von des herzens eifriger trüber
großer sprache gewinn oder verlust aus schande oder lob)
doch manch ein gedanke,aus traum nicht geboren, stirbt
wenn schwingen begrüßen das jahr,bäume tanzen(und ich glaub

gehen wunsch und welt auch unter,schwimmt noch ein gedicht

30    sometimes

             in)Spring a someone will lie(glued
among familiar things newly which are
transferred with dusk)wondering why this star
does not fall into his mind
                       feeling
throughout ignorant disappearing me
hurling vastness of love(sometimes in Spring
somewhere between what is and what may be
unknown most secret i will breathe such crude
perfection as divides by timelessness
that heartbeat)
             mightily forgetting all
which will forget him(emptying our soul
of emptiness)priming at every pore
a deathless life with magic until peace
outthunders silence.
                And(night climbs the air

manchmal
       im)Frühling ein jemand liegt(geklebt
zwischen vertrautes neu das überbracht wird
mit dämmerung)fragend warum dieser stern
in seinen geist nicht fällt
          fühlend
das ganze unwissende schwindende ich hindurch
schleudernde weiten der liebe(manchmal im Frühling
ırgendwo zwıschen dem was ıst und was sein kann
heimlichstes unbekanntes werde ich atmen solch grobe
vollkommenheit wie sie durch zeitlosigkeit teilt
den herzschlag)
        mächtig alles vergessend
was ihn vergessen wird (aus unserer seele die leere
leerend) an jeder pore bereitend
ein todloses leben mit zauber bis friede
die stille überdonnert.
         Und(nacht ersteigt die luft

31    up into the silence the green
      silence with a white earth in it

      you will(kiss me)go

      out into the morning the young
      morning with a warm world in it

      (kiss me)you will go

      on into the sunlight the fine
      sunlight with a firm day in it

      you will go(kiss me

      down into your memory and
      a memory and memory

      i)kiss me(will go)

hoch in die stille die grüne
stille mit einer weißen erde darin

wirst du(küss mich)gehn

hinaus in den morgen den jungen
morgen mit einer warmen welt darin

(küss mich)wirst du gehn

weiter ins sonnenlicht das feine
sonnenlicht mit einem festen tag darin

wirst du gehn(küss mich

hinab in dein gedächtnis und
ein gedächtnis und gedächtnis

werd ich)küss mich(gehn)

32   no man, if men are gods; but if gods must
     be men, the sometimes only man is this
     (most common, for each anguish is his grief;
     and, for his joy is more than joy, most rare)

     a fiend, if fiends speak truth; if angels burn

     by their own generous completely light,
     an angel; or (as various worlds he'll spurn
     rather than fail immeasurable fate)
     coward, clown, traitor, idiot, dreamer, beast –

     such was a poet and will be and is

     –who'll solve the depths of horror to defend
     a sunbeam's architecture with his life:
     and carve immortal jungles of despair
     to hold a mountain's heartbeat in his hand

kein mensch, falls menschen götter sind; doch müssen götter
menschen sein, dann ist der manchmal nur mensch dies
(gewöhnlich, da jede qual ein gram ihm ist;
und, da seine freude mehr als freude ist, ganz rar)

ein teufel, sprechen teufel wahr; falls engel leuchten

durch ihr verschwenderisches völlig licht,
ein engel; oder (da er welten lieber miede
als an des schicksals unermesslichkeit zu scheitern)
feigling, narr, verräter, dummkopf, träumer, tier –

dies war ein dichter und wird sein und ist

– der klärt die schreckenstiefen um zu schützen
den bau des sonnenstrahls mit seinem leben:
zerschneidet ewige dschungel der verzweiflung
zu halten eines berges herzschlag in der hand

33      (fea
        therr
        ain

        :dreamin
        g field o
        ver forest &;

        wh
        o could
        be

        so
        !f!
        te

        r?n
        oo
        ne)

(fe
derr
egen

:träum
t feld ü
ber forst &;

we
r könnte
sein

san
!f!
te

r?k
ein
er)

34   a like a
     grey
     rock wanderin

     g
     through
     pasture
     wom

     an creature whom
     than
     earth hers

     elf
     could
     silent more no
     be

ein wie ein
grauer
fels wandern

d
über
weiden
frau

engeschöpf das
als
die erde s

elber
könnte
stiller nicht noch
sein

35    un(bee)mo

        vi
        n(in)g
        are(th
        e)you(o
        nly)

        asl(rose)eep

re(biene)gung

s
l(in)os
liegst(de
r)du(ei
nen)

im(rose)schlaf

36    silence

.is
a
looking

bird:the

turn
ing;hedge,of
life

(inquiry before snow

stille

.ist
ein
schauender

vogel:der

wen
de;rand,des
lebens

(anfrage vor schnee

37    out of night's almosT Floats a colour(in

-to day's bloodlight climbs the onlying
world)
        whose
silence are cries
poems children dreams &

through slowquickly opening ifless

this irre-
VocA
-ble flame

is
   lives
       breath
             es(over-

ing
   un
-derfully & a-
rounding
       death)

L

o

v

e

aus dem beinah der nachT Treibt eine farbe(ins

blutlicht des tages steigt die alleinende
welt)
      deren
schweigen schreie sind
gedichte kinder träume &

durch langsamschnell öffnendes wennlos

diese unwider-
RuF
-liche flamme

ist
   lebt
      atme
         t(über-

nd
   un
-tervoll & um-
herend
     tod)

L

ie
b

e

38    f

  eeble a blu
r of cr
umbli
ng m

        oo

          n(
poor shadoweaten
was
of is and un of

so

    )h
        ang
        s
        from

thea lmo st mor ning

sch

    wach ein fle
ck kr
ümelnd
en m

     o

      nds(
armes schattenzerfressenes
war
von ist und un von

so

  )h
    äng
    t
    an

demn ahe zu mor gen

39    dive for dreams
or a slogan may topple you
(trees are their roots
and wind is wind)

trust your heart
if the seas catch fire
(and live by love
though the stars walk backward)

honour the past
but welcome the future
(and dance your death
away at this wedding)

never mind a world
with its villains or heroes
(for god likes girls
and tomorrow and the earth)

tauche nach träumen
sonst kippt dich ein spruch
(bäume sind ihre wurzeln
und wind ist wind)

vertrau deinem herzen
fängt die see auch feuer
(und lebe von liebe
obwohl sterne rückwärts gehn)

ehr die vergangenheit
doch begrüße die zukunft
(und tanz deinen tod
fort auf dieser hochzeit)

lass einer welt
ihre schurken und helden
(denn gott mag mädchen
und das morgen und die erde)

40    seeker of truth

      follow no path
      all paths lead where

      truth is here

sucher der wahrheit

folge keinem pfad
alle pfade führen hin wo

wahrheit ist hier

41   e

cco the uglies

t


s

ub

sub


urba

n skyline on earth between whose d

owdy


hou

se

s


l

ooms an eggyellow smear of wintry sunse

t

e
cco die hässlich
ste

s
ub
sub

urba
ne skyline auf erden zwischen deren ö
den

häu
ser
n

t
aucht auf eine eigelbe schliere winterlichen sonnenuntergang
s

42    fearlessandbosomy

this
grand:gal
who

liked men horses roses

&$(in
that
order)is

        wHISpEr

it
left;at the age
of

8

ysomethi
ng
(imagine)

with,pansies

furchtlosunddrall

dieses
großartige:mädel
das

mochte männer pferde rosen

&$(in
dieser
reihenfolge)bleibt

   fLÜStEr

es
zurück;im alter
von

8

zignochw
as
(stell dir vor)

mit,stiefmütterchen

43  Now i lay(with everywhere around)
    me(the great dim deep sound
    of rain;and of always and of nowhere)and

    what a gently welcoming darkestness –

    now i lay me down(in a most steep
    more than music)feeling that sunlight is
    (life and day are)only loaned:whereas
    night is given(night and death and the rain

    are given;and given is how beautifully snow)

    now i lay me down to dream of(nothing
    i or any somebody or you
    can begin to begin to imagine)

    something which nobody may keep.
    now i lay me down to dream of Spring

Nun lege ich(mit überall umher)
mich(der große trübe tiefe klang
von regen;und von immer und von nirgends)und

was für eine sanft grüßende dunkelstheit–

nun lege ich mich nieder(in einem äußerst steilen
mehr als musik)gefühl dass sonnenlicht ist
(leben und tag sind)nur geliehen:hingegen
nacht ist gegeben(nacht und tod und der regen

sind gegeben;und gegeben ist wie wunderschön schnee)

nun lege ich mich nieder zu träumen von(nichts
ich oder jeglicher jemand oder du
kann beginnen zu beginnen zu erdenken)

etwas das niemand halten darf.
nun lege ich mich nieder zu träumen vom Frühling

44     enter no(silence is the blood whose flesh
is singing)silence:but unsinging.   In
spectral such hugest how hush,one

dead leaf stirring makes a crash

–far away(as far as alive)lies
april;and i breathe-move-and-seem some
perpetually roaming whylessness–   .

autumn has gone:will winter never come?

o come,terrible anonymity;enfold
phantom me with the murdering minus of cold
–open this ghost with millionary knives of wind–
scatter his nothing all over what angry skies and

gently
       (very whiteness:absolute peace,
never imaginable mystery)
                  descend

betritt keine(stille ist das blut dessen fleisch
singt)stille:außer unsingend.   In
geisterhaftem solch größtem wie psst,ein

totes blatt regt sich mit krachen

–weit fort(so weit wie lebendig)liegt
april;und ich atme-bewege-und-schein
warumlosigkeit stets auf wanderschaft–

herbst ist fort:wird niemals winter sein?

o komm,schreckliche anonymität;umhülle
schemen mich mit dem mordenden minus der kälte
–öffne dies gespenst mit millionen messern von wind–
streue sein nichts über alles was zornige himmel und

sanft
        (äußerstes weiß:völliger friede,
nie vorstellbares geheimnis)
                              steig herab

45   i carry your heart with me (i carry it in
     my heart) i am never without it (anywhere
     i go you go, my dear; and whatever is done
     by only me is your doing, my darling)
                                        i fear
     no fate (for you are my fate, my sweet) i want
     no world (for beautiful you are my world, my true)
     and it's you are whatever a moon has always meant
     and whatever a sun will always sing is you

     here is the deepest secret nobody knows
     (here is the root of the root and the bud of the bud
     and the sky of the sky of a tree called life; which grows
     higher than soul can hope or mind can hide)
     and this is the wonder that's keeping the stars apart

     i carry you in my heart (i carry it in my heart)

ich trage dein herz bei mir (ich trage es in
meinem herzen) ich habe es stets dabei (wohin
ich gehe, gehst du, meine teure; und was auch getan ist
von mir allein ist dein tun, meine liebe)
                              ich fürchte
kein schicksal (denn du bist mein schicksal, mein schatz) mir fehlt
keine welt (denn schöne du bist meine welt, meine wahre)
und du bist wofür ein mond auch immer stand
und was eine sonne auch immer singt bist du

hier ist das tiefste geheimnis, das keiner kennt
(hier ist die wurzel der wurzel, die knospe der knospe
und der himmel des himmels eines baums genannt leben; der wächst
noch höher als seele hoffen, als geist verbergen kann)
und dies ist das wunder, das die sterne in bahnen hält

ich trage dich im herzen (ich trage dein herz in meinem)

# NACHWORT

1958 erschien im Verlag Langewiesche-Brandt die erste Auflage eines Bandes mit Gedichten von Edward Estlin Cummings (1894–1962) in der Übersetzung von Eva Hesse. Es folgten Neuauflagen mit leichten Veranderungen. 1994 erschien eine überarbeitete und erweiterte Version. Im Nachwort gibt Eva Hesse eine Einführung in das Leben und Schaffen von Cummings. Sein Lebenslauf, sein Elternhaus, seine Kriegserlebnisse und der politische und gesellschaftliche Hintergrund seiner Zeit werden ebenso beleuchtet wie das literarische Umfeld, in dem das lyrische und das Prosawerk entstanden und ihn zu einem «Klassiker der Moderne» werden ließen.

Im Nachwort zum vorliegenden Band wird daher auf den Lebenslauf von E. E. Cummings verzichtet, auch der politische und kulturelle Rahmen soll außen vor bleiben; für Interessierte sei verwiesen auf die Ausgabe mit Eva Hesses Nachwort sowie die Sekundärliteratur, etwa die Bücher von Martin Heusser, *I Am My Writing. The Poetry of E. E. Cummings* (Tübingen: Stauffenburg, 1997) und Norman Friedman, *ReValuing Cummings: further essays on the poet, 1962–1996* (Gainesville u. a.: University Press of Florida, 1996).

Eva Hesse, die noch von Cummings selbst als Übersetzerin autorisiert wurde, zählt ohne Zweifel zu den großen Gestalten der Übersetzerzunft, gerade im anspruchsvollsten Metier, der Lyrik. Mit ihren Übertragungen der Gedichte von E. E. Cummings aus dem Amerikanischen ins Deutsche hat sie seinen Namen und sein Werk im deutschen Sprachraum vorgestellt. Ihre kleine, aber feine Auswahl ist immerhin seit über fünfzig Jahren auf dem Markt. Eva Hesses Buch präsentiert einen aufschlussreichen Querschnitt durch die Vielfalt der Themen und Formen bei E. E. Cummings und ist durchweg geprägt von einer akribischen Auseinandersetzung mit den Originalen; ein eigener Stilwille der Übersetzerin führt zu einer spezifischen deutschen Cummings-Diktion auf hohem Kunst-Niveau.

Der vorliegende Band enthält fünfundvierzig weitere von den annähernd tausend Gedichten, die Cummings geschrieben hat. Auf den folgenden Seiten werden die teils recht eigenartigen Formen der Gedichte und die Probleme des Lesens und Übersetzens betrachtet. Die Auswahl wurde vom Übersetzer getroffen, und zwar aus dem Jubiläumsband zum hundertsten Geburtstag des Dichters (E. E. Cummings, *Complete Poems 1904–1962*, herausgegeben von George J. Firmage. New York: Liveright, 1994); sie kann selbstverständlich nur subjektiv sein. Gedichte in eher traditioneller Form und solche, die eher experimentellen Charakter haben, werden als gleich wichtige und gleich interessante Texte gesehen. Schwerpunkte sind inhaltlich die Liebe und der Tod, die ursprünglichsten Themen der Poesie, ein ums andere Mal verpackt in starke oder zärtlich betörende Bilder. Die Auswahl soll einen Überblick über die formal sehr unterschiedlichen Präsentations- und Funktionsweisen jener Themen geben.

Aufbauend auf der Tradition der Figurengedichte seit der Antike begann in der zweiten Hälfte des 19. Jahrhunderts mit Stéphane Mallarmés «Un Coup de Dés» (Ein Würfelwurf) eine Entwicklung im poetischen Umgang mit Sprache, die folgenreich für die Dichtung im 20. Jahrhundert werden sollte. Sprache in ihrer lautlichen und schriftlichen Erscheinungsweise wird zunehmend als wahrnehmbares Material aufgefasst und als solches thematisiert: Die Mittel zum Ausdruck der Ideen werden gleichberechtigt neben die Ideen gestellt – die Form wird Inhalt, der Inhalt Form. Der «Würfelwurf» verdeutlicht die Bewegung der Würfel durch die ungewöhnliche Verteilung der Textstücke auf den Seiten des Buches – die weiße Papierfläche wird in den Betrachtungs- und Leseprozess einbezogen und hat teil an der Botschaft und der poetischen Wirkung. Lyrik ist von jeher diejenige literarische Gattung, in der Form und Inhalt untrennbar verbunden sind. Die Form bestimmt wesentlich die Poetizität des Gesagten mit. Verleiht jemand seinen Gedanken Ausdruck, dann ist es von Bedeutung, ob dies mittels eines Sonetts, eines Lautgedichts oder einer Ode erfolgt. Gedichtformen beeinflussen die Rezeption, und erst eine Formgebung nach bestimmten Regeln lässt einen Text zum Gedicht werden. Mit Mallarmé, den Futuristen und Dadaisten und besonders in der Konkreten Poesie der Fünfziger- und Sechzigerjahre werden das Material Sprache und seine Anwendungsmöglichkeiten hinterfragt. Mit den Konkretisten wird die von Lessing vorgenommene Unterscheidung, Dichtung beschreibe das zeitliche Nacheinander einer Handlung, bildende Kunst dagegen das räumliche Nebeneinander eines Moments, wieder in Richtung der horazischen *ut-pictura-poesis*-Debatte («wie ein Bild sei das Gedicht») gelenkt – und geht sogar einen Schritt weiter: Das Wortmaterial wird durch die Anordnung auf der Fläche selbst ein konkret «bildnerisches» Element.

Edward Estlin Cummings steht besonders mit seinen experimentellen typografischen Texten in der Tradition dieser Sprachbetrachtungen und des spielerischen Umgangs mit dem Material des Dichters. Die dem Leser unvertraute formale Struktur erlaubt Cummings, poetische Inhalte (die sich seit Beginn der lyrischen Spracharbeit kaum geändert haben) dergestalt zu präsentieren, dass die Grenzen sprachlicher Mitteilbarkeit durchbrochen werden. Cummings selbst hat sich zu diesem Aspekt seiner Arbeit widersprüchlich geäußert. Einerseits sah er seine Dichtung erstaunlicherweise nur als eine referentielle, das heißt, die verwendete Sprache verweist auf eine außersprachliche Wirklichkeit, also die Welt; sie vertritt etwas Abwesendes und macht es mitteilbar, z.B. Gedanken über Menschen, Tiere, Liebe, Trauer etc. (Heusser 1997: 219). Andererseits erklärt er:

«Prose is if words are used by somebody
to mean something
Poetry is if they use each other to express themselves»

(Prosa heißt, dass Wörter von jemandem benutzt werden, damit sie etwas bedeuten, Dichtung heißt, dass sie sich gegenseitig benutzen, um sich selbst auszudrücken) (Heusser 1997: 222).

So sind viele Texte unübersehbar auf sich selbst und die Sprache in ihnen bezogen, die als eigene Wirklichkeit neben der Welt existiert und das Wort als Ding nimmt. Für den Dichter jedoch, so Cummings, ist die Sprache nur ein unzureichendes Werkzeug, um seine Ideen auszudrücken: «If a poet could express his thought in its naked glory, he would undoubtedly utter a wild and fearsome sound which would (of course) bear no possible relation to language, proper or improper.» (Könnte ein Dichter seinen Gedanken in dessen nackter Pracht ausdrücken, würde er zweifellos einen wilden und fürchterlichen Laut äußern, der (natürlich) keinen möglichen Bezug zur Sprache hätte, angemessen oder unangemessen.) (Heusser 1997: 220). Das Wort, die Vokabel bird (Vogel) entspricht eben nicht dem, was «the thought of wings-and-a-song» (der Gedanke an Flügel-und-ein-Lied)wachruft (ebd.).

Wenden wir uns den Gedichten zu. Die Darstellung von Bewegung und Gestalt, Leseanweisungen, die Verquickung von Beobachtungs- und Gedankenprozess, die synchrone Darstellung verschiedener Wahrnehmungsebenen – all dies gelingt durch Manipulationen an der Gedichtform. Neuere Untersuchungen belegen, dass das intensive Lesen eines Gedichts mit ähnlichen Augenbewegungen abläuft wie das Betrachten eines Bildes. Für viele mit der Schriftsprache spielende Texte von

Cummings ist das nachvollziehbar: Das Suchen zusammengehöriger Sprachstücke sowie das Ergründen ihrer Beziehung zueinander und zur Umgebung funktionieren wie das «Lesen» der kompositorischen Elemente eines Bildes: Freiflächen und Pausen, Gruppierung und Isolation, Überblick und Detail – all dies gilt es zu beachten. Dabei wird die geschriebene Sprache auch über ihren Inhalt hinaus als Gestaltungsmittel eingesetzt, was nicht zuletzt einer der Gründe für das Interesse der Semiotik und der Sprachwissenschaft am Werk Cummings' ist. Einige Beispiele sollen die Vielfalt der Mittel verdeutlichen:

Die Leser werden durch Einschübe, etwa ein nachdenkliches «vielleicht» in *Spring is like a perhaps hand* oder eine direkte Ansprache wie *(imagine) / (stell dir vor)*, in den Vorgang der Wahrnehmung oder der Reflexion einbezogen; Ausdrucksstellungen durch syntaktische und grafische Fragmentierung und Isolation gewichten die betroffenen Wörter und Satzteile völlig neu:

| | |
|---|---|
| (and dance your death | (und tanz deinen tod |
| away at this wedding) | fort auf dieser hochzeit) |

oder:

| | |
|---|---|
| all paths lead where | alle pfade führen hin wo |
| truth is here | wahrheit ist hier. |

Auch Versalien dienen zur Hervorhebung wichtiger Elemente: Das *i / ich* ist Cummings selten einen Großbuchstaben wert, die Angebetete *(Lady / Teure)* oder der Frühling (*Spring*) hingegen schon. Auch zur Lautmalerei werden Großbuchstaben verwendet, etwa bei *bAnGiNgLy / RRaChEnD*; an anderer Stelle wird aus klanglichen Gründen der stimmlose Reibelaut / f / als Geräusch des Regens aus einem Wort isoliert (wie das *!f!* im Gedicht *featherrain*). Gedichtumrisse können einer Silhouette entsprechen (wie die um 90 Grad gedrehte Skyline in *ecco the ugliest)*, Klammern oder der Buchstabe o erscheinen in Mond-Texten gelegentlich als Halb- oder Vollmonde. Die Synchronizität zweier Bilder oder verschiedener Wahrnehmungen wird durch eine syntaktische Einbettung oder Überlagerung erreicht, da die herkömmliche lineare Wortkette nicht mehr genügt, um die Eindrücke in ihrer Gesamtheit wiederzugeben, etwa bei der sprachlichen Verquickung der Bilder einer Schlafenden und einer Biene in der Blüte in *un(bee)mo*, oder bei der Notierung der vielfältigen akustischen Phänomene während der unbeschreiblichen Minute:

hear? do you birds begin which all to talk, loudly /
hörst? du vögel beginnen die alle zu sprechen, laut.


Eine der auffälligsten Eigenheiten bei Cummings ist die Wandlung der Wortarten: Funktionswörter werden zu Inhaltswörtern, unflektierbare Wörter werden flektiert:

out of night's almosT / aus dem beinah der nachT
the onlying world / die alleinende welt.

Neben all den technischen Finessen darf jedoch nie übersehen werden, dass es Cummings immer wieder gelingt, in den verschiedenartigen Textformen eine Vielfalt zauberischer Bilder hervorzurufen, die auch im konservativen Lyrik-Verständnis höchst poetisch sind und den Blick des Lesers weg von der sprachlichen Oberfläche auf wundersame Szenerien lenken:

What is thy breast to me?     Was ist deine brust für mich?
A flower of new prayer,       Eine blume neuen gebets,
A poem of firm light,         Ein gedicht festen lichts,
A well of cool birds,         Ein brunnen kühler vögel,
A drawn bow trembling.        Ein gespannter bogen zitternd.

oder

They have hung the lake with moth-wings,
Blurs of purple, and shaggy warmths of gold,
Lazy curious wines, and curving curds of silver.

Sie verhängten den see mit mottenflügeln,
Flecken von purpur und krausen wärmen aus gold,
Trägem neugierigen wein und gebognem gerinnsel aus silber.

Daneben bedient sich Cummings auch einer sinnlichen Bildwelt, um lustvolle sexuelle Erlebnisse oder Wahrnehmungen zu umschreiben, durchaus ohne sich dabei vom Fleischlichen zu entfernen (etwa in *as we lie side by side* / *wenn wir seite an seite liegen* oder in *sometimes i am alive because with* / *manchmal bin ich lebendig weil bei*). Eine nach Bauweisen geordnete Auswahl aus dem poetischen Werk bietet das Buch *AnOther E. E. Cummings*, ed. Richard Kostelanetz & John Rocco (New York: Liveright, 1998). Dort findet sich auch eine Gegenüberstellung von Übersetzungen des Grashüpfer-Gedichts r-p-o-p-h-e-s-s-a-g-r in sieben Sprachen (einschließlich der Version von Eva Hesse).

Die Arbeit des Übersetzers ist stets Interpretation und verlangt vor allem bei Lyrik oft leidige Kompromisse. Ein Übersetzer muss sich dem Original bescheiden nähern, dessen Potenzial erfassen, schwierige, oftmals verlustreiche Entscheidungen treffen und schließlich der Versuchung widerstehen, diese oder jene Stelle in der Übersetzung über Gebühr abzuflachen oder zu poetisieren. Bei jedem Text steht man vor der Frage, welche «poetischen Leistungen» für den Autor und seine Sprache charakteristisch sind. Dabei muss zwischen Form und Inhalt abgewogen und eine Lösung gefunden werden, die beiden Ebenen gerecht wird. Wenn Cummings die «normale» englische Syntax aufbricht und die Bruchstücke neu anordnet, verleiht er den Elementen mehr Gewicht und stellt sie in neue Relationen zu anderen Textteilen – dieses Zerbrechen und Relativieren ist auch in der Übersetzung anzustreben. Was im Englischen eine ungewohnte Struktur aufweist, bei der ein Leser ins Stocken kommt, muss auch im Deutschen «durcheinandergeraten» wirken. Durch diese Technik wird auch die Darstellung einer Verschränkung verschiedener Wahrnehmungsebenen sowie einer Simultaneität der Ereignisse deutlich. Um solche Konfigurationen nachahmen zu können, ist mitunter sogar der Reim vernachlässigt worden, damit die dominante Formgebung möglichst originalgetreu übernommen werden konnte. Auch den verschiedenen Stilebenen bei Cummings hat ein Übersetzer Rechnung zu tragen: Eine Vielzahl der Gedichte zieht den poetischen Effekt nicht aus der Poetizität des Vokabulars, sondern aus einer befremdlichen Zusammenstellung und Verwendungsweise der in den meisten Fällen sehr alltäglichen und schlichten Wörter, weshalb auch in der Übersetzung einfache, weil vertraute und unauffällige Wörter herangezogen werden sollten, selbst wenn ein weniger alltäglicher Ausdruck vermeintlich besser klänge – aber eben damit eine Wirkung erzielt würde, die im Original an dieser Stelle nicht gegeben ist. Leider ist dieses Prinzip nicht immer durchzuhalten. Die Entscheidung, welcher Kunstgriff des Autors bei der Übertragung jeweils an erster Stelle stehen soll, ist letztlich stets eine subjektive, da der Übersetzer wie jeder Leser gezwungen ist zu interpretieren.

Der Versuch, unter die Oberfläche oder hinter die Bilder zu blicken und dort Erkenntnis zu erlangen, ist ein mühseliges Geschäft und verlangt vom Leser eines Gedichts viel Geduld, wie sie auch der Autor beim Schreiben aufbringen muss. Der Anteil von zehn Prozent Eingebung und neunzig Prozent Fleißarbeit betrifft nicht nur den dichterischen Schaffensakt (der poetische Text ist meist das Resultat langwieriger Handarbeit – ein Geistesblitz mit vierzehn regelmäßigen Versen und Reimen ist wohl eher selten), sondern auch die Rezeption von Lyrik. Es ist manchmal viel Bedenkzeit für ein Gedicht vonnöten, bis sich ein Fenster zu seiner Schönheit oder seinem Mechanismus öffnet, wobei das eine das andere nicht ausschließt. Selbst in vermeintlich formalistischen Spielereien mit Versen, die aus einzelnen Buchstaben bestehen, kann Poesie stecken. Reim und Metrum sind schon lange keine Bedingungen mehr für den lyrischen Charakter eines Textes – einzig die Kurzzeile scheint als formales Kriterium für Gedichthaftigkeit geblieben zu sein.

L. V.

# INHALT